WENIGER IST MEHR

ausgewählt und zusammengestellt
von Judith Mark

PAUSE – JETZT!

Endlich mal ein paar Tage frei! Der Feiertag lädt dazu ein, am verlängerten Wochenende auszuspannen. Einfach mal dem Alltag entfliehen und etwas ganz anderes machen. Zeit haben und sich entspannen. Und natürlich die ganze Informationsflut hinter sich lassen: Telefon, E-Mails, Facebook, Twitter ...

Kürzlich habe ich mir so eine Auszeit gegönnt. Was habe ich mich auf die zwei freien Tage gefreut! Ein schönes kleines Hotel hatte ich mir dafür ausgesucht. Nicht übermäßig komfortabel, aber mitten im Grünen. Abseits gelegen und doch keine allzu weite Zugreise. Gerade richtig, um die Seele baumeln zu lassen – dachte ich. Als ich ankam, ließ ich mich glücklich und zufrieden aufs Bett fallen. Dann machte ich einen ausgedehnten Spaziergang. Da merkte ich bereits, dass ich irgendwie unruhig wurde. Etwas stimmte nicht. Fehlte mir was? Nein, nichts. Alles da, Sonne, Wasser, Wald. Mehr braucht es wirklich nicht. Wieder im Hotel angekommen, blätterte ich im Hotelprospekt nach der Öffnungszeit der Sauna und entdeckte eine kleine Randnotiz: „Unsere Zimmer und unser Restaurant sind elektrosmogreduziert", las ich da. Das heißt auch: kein Handyempfang! Ja natürlich, das war's! Mein Handy hatte seit Stunden keinen Ton von sich gegeben. Dabei hatte ich mich mittlerweile so sehr daran gewöhnt, mobil und immer erreichbar zu sein: Das Sirren in meiner Tasche, das eine SMS oder eine E-Mail ankündigt, das Läuten des Mobiltelefons – all das ist selbstverständlich und gehört zum Leben.

Und jetzt Pause. Komisch, dachte ich schon, keiner will was von mir. Und das war kein gutes Gefühl, obwohl ich die Ruhe doch so sehr herbeigesehnt hatte. Denn wir brauchen alle die Unterbrechungen, die Pausen und das Ausruhen im Leben. Pausen auch von den modernen Kommunikationsmöglichkeiten. Aber wenn sie dann mal möglich sind, halten wir sie oft schlecht aus. Dann fehlt etwas. So selbstverständlich sind uns Computer und Handy. So sehr haben wir uns mittlerweile daran gewöhnt, zu jeder Zeit alle möglichen wichtigen und auch unwichtigen Dinge regeln zu können. Bei schlechtem Handy-Empfang kann man dann schon mal Leute beobachten, die mit zum Himmel ausgestrecktem Arm versuchen, doch noch irgendwie eine Verbindung zur Welt zu bekommen. Den Alltag wirklich zu unterbrechen und hinter sich zu lassen, Zeit und Ruhe zu haben und diese auch genießen zu können, fällt nicht immer leicht. Und trotzdem: Wir haben Sehnsucht danach, uns auszuruhen und ruhig zu werden.

In Psalm 131 heißt es: „Ich bin zur Ruhe gekommen. Mein Herz ist zufrieden und still. Wie ein Kind in den Armen seiner Mutter, so ruhig und geborgen bin ich bei dir, Gott!" Was für ein schönes Bild! Das will Gott für uns, von Anfang an, seit dem 7. Tag seiner Schöpfung hat er es uns vorgemacht: Sabbat, Sonntag, dass wir Ruhe finden und uns bei ihm ausruhen, unsere Seelen ausatmen lassen. Gott hilft uns, den Alltag zu unterbrechen, anderes zu denken, die Dinge manchmal ganz anders zu machen, noch einmal anzufangen. Unterbrechung also auch von dem, was immer schon richtig war, was wir immer schon so gemacht haben. Martin Luther hat einmal gesagt: „Sei nur stille zu Gott, meine Seele; denn er ist meine Hoffnung."

Wollen Sie sich unterbrechen lassen?

Womöglich geht es Ihnen ja dann wie Luther. In der Stille noch einmal hinsehen und feststellen: das Echte, das Wahre, das, was mir hilft, was mir wirklich am Herzen liegt – das ist womöglich das ganz Andere.

Nachdem ich verstanden hatte, was mich so unruhig gemacht hat in diesem schönen Hotel weit draußen im Grünen, konnte ich über mich selbst lachen. Das Telefon blieb, wo es war, samt seinem Internetzugang, meine Seele hatte frei und ich war Gott dafür dankbar.

Katrin Göring-Eckardt

EIGENTUM

Ich weiß, dass mir nichts angehört
Als der Gedanke, der ungestört
Aus meiner Seele will fließen,
Und jeder günstige Augenblick,
Den mich ein liebendes Geschick
Von Grund aus lässt genießen.

Johann Wolfgang von Goethe

INNEHALTEN

innehalten
mitten im Alltag
abschweifen
in die Gegenwart
horchen
auf die Weite des Augenblicks

den Blick loslassen
alle Sinne öffnen

einfach
da sein

Frank Fischer

Die hohe Bewertung der Minute, die Eile als wichtigste Ursache unserer Lebensform ist ohne Zweifel der gefährlichste Feind der Freude. Möglichst viel und möglichst schnell ist die Losung. Daraus folgt immer mehr Vergnügung und immer weniger Freude.

Hermann Hesse

Geschwindigkeit mag bei einem Pferd eine Tugend sein.
Für sich allein betrachtet besitzt sie keinerlei Vorzüge.

Al Ghasali

Du bist zu schnell gerannt für das Glück.
Jetzt, wo du müde bist, holt das Glück dich ein.

Friedrich Nietzsche

STAUNEN

Die Kindheit
begraben unter Verpflichtungen und Zwängen
eingefroren das Staunen
im Eis alltäglicher Routine.
Eng geworden ist mein Blick
fixiert auf Zukunft und Vergangenheit.

Wachgeküsste Erinnerungen:
Der Maikäfer auf meinem Finger
das Gänseblümchen im Gras.
Mit allen Sinnen genießen.
Staunen.
Versunken, losgelöst,
nur der Moment zählt.

Kieselsteine erwachen zum Leben
werden zu Prinz und Prinzessin
zu Zwergen und Feen.
Schutzengel tragen mich.
Alles ist möglich
alles darf sein.

Manchmal wünsche ich mir
wieder mit den Augen eines Kindes zu sehen.
Staunend die Schöpfung bewundern.

Gabriela Paydl

Ich bin dazu eingeladen, stündlich einen Moment die Augen zu schließen, um beim Öffnen das Wesentliche des Lebens – Gott in allen Dingen – bewusster wahrzunehmen. Staunen über meine Hände, einen Regentropfen, einen Baum, eine Blüte, ein Lächeln, einen Grashalm, einen Stern. So wird mein staunender Blick zum Gebet, wie der Mystiker Thomas Merton sagt: „Ich will mich also aufmachen, damit alles, was ich berühre, sich in Gebet verwandelt. Damit die Vögel mein Gebet sind, der Wind in den Bäumen mein Gebet ist."

Pierre Stutz

ZEITLOS

im Nichtstun
den Sandstrahl der Zeit anhalten
den Moment verlangsamen
die Kunst der langen Weile einüben
jedes Korn in der Hand einzeln verkosten
und das Zeitlose segnen.

Frank Fischer

Kennen Sie das? Sie sind unterwegs, vielleicht in einem Bus, oder Sie sitzen im Café oder auf einer Parkbank, und ganz in Ihrer Nähe sitzt eine Mutter oder ein Vater mit einem kleinen Baby. Und irgendwann beginnt dieser magische Moment: Sie lassen sich von den Kinderaugen einfangen. Mir jedenfalls geschieht das immer wieder. Ich schaue so ein winziges Wesen an und mein Blick taucht in den seinen ein und alles um uns herum versinkt und wir beginnen ein Gespräch. Das Gespräch entwickelt sich in unserem Mienenspiel und es geschieht eigentlich mehr, als dass ich es bewusst tue. Ich kann nicht sagen, wer von uns beiden damit anfängt und wer folgt. Am Anfang geht vielleicht ein wenig mehr an bewusster Aktivität von mir aus, aber dann wird allmählich eine gemeinsame Bewegung daraus. Indem ich das Baby anschaue, in seine Augen eintauche, wird mein Gesicht, werden meine Augen zum Spiegel für seine, aber auch ich finde mich in seinen Augen wieder, in seinem Mienenspiel, und erlebe mich beantwortet, und so geht das hin und her. Im Gesicht des Kindes beginnt allmählich ein Strahlen aufzuscheinen, ein inneres Glühen, das auch in meinem Gesicht widerscheint, und die Babyaugen glänzen und lachen und bezeugen das Glück seines Selbstseins und die Freude des Beantwortetseins. Auch in mir strahlt dann etwas ganz Besonderes auf, etwas Unbenennbares, Kostbares, die Zeit scheint stehenzubleiben in diesem Moment der Begegnung. Ich habe etwas wiedergefunden, das mir abhanden gekommen war und das doch, so wird mir jetzt klar, irgendwo in mir noch weiterlebt: Der Anfang scheint unauslöschlich in unserem Inneren verankert zu sein. Der Anfang – oder sollten wir besser sagen: der Ursprung?

Ulla Pfluger-Heist

Es ist so eine Ironie, solch ein Widerspruch, dass wir ständig nach Höhepunkten des Erlebens suchen, wenn die Höhepunkte doch in all den Dingen um uns vorhanden sind, die unsere Augen entzücken. Sehen wir ein Mädchen in einem schönen Kleid, macht uns das froh, wie uns alles Schöne froh macht. Den natürlichen Weg zur Begeisterung haben wir verlassen und suchen nun auf andere Weise danach. Dabei ist es alles vorhanden und erreichbar für uns, selbst wenn die Umstände schwierig sind.

Anaïs Nin

EINFACH DA SEIN

Den Alltag anhalten
Die Wiese anschauen
den Baum
die Vögel
Einswerden mit Blättern
und Flügeln
mit Wolken und Wind
Geborgenheit spüren
Da sein
genau in diesem Moment
einfach da sein
wie ein Kind

Anne Steinwart

DIE SCHAUKEL

Auf meiner Schaukel in die Höh,
was kann es Schöneres geben!
So hoch, so weit: die ganze Chaussee
und alle Häuser schweben.

Weit über die Gärten hoch, juchee,
ich lasse mich fliegen, fliegen;
und alles sieht man, Wald und See,
ganz anders stehn und liegen.

Hoch in die Höh! Wo ist mein Zeh?
Im Himmel! Ich glaub, ich falle!
Das tut so tief, so süß dann weh,
und die Bäume verbeugen sich alle.

Und immer wieder in die Höh,
und der Himmel kommt immer näher;
und immer süßer tut es weh –
der Himmel wird immer höher.

Richard Dehmel

KLEINE FREUDE NR. 72.

Wenn noch eine Kleinigkeit Buttersauce übriggeblieben ist
und anderthalb Kartoffeln,
alle haben schon aufgegessen ...
aber man kann sich da noch einen kleinen Privatbrei
auf dem Teller zurechtmachen.
Erfreut sehr und schmeckt auch gut.

Kurt Tucholsky

Ob ich morgen leben werde, weiß ich freilich nicht. Aber dass ich, wenn ich morgen lebe, Tee trinken werde, weiß ich gewiss.

Gotthold Ephraim Lessing

Wenn ich im Liegestuhl liege und die Sonne genieße, dann bin ich Gott ähnlich. Gott ruhte aus am siebenten Tag und freute sich über sein Schaffen! Wer nicht genießen kann, wird ungenießbar.

Pierre Stutz

Siehe, was ich als Bestes ersehen habe: dass es schön ist, zu essen und zu trinken und es sich wohl sein zu lassen bei all der Mühe, womit einer sich plagt unter der Sonne, die wenigen Tage seines Lebens, die Gott ihm gegeben.

Prediger 5, 17

FÜR JEDEN TAG

Schenk mir eine gute Verdauung, Herr.
Und auch etwas zu verdauen.

Schenke mir Gesundheit des Leibes
mit dem nötigen Sinn dafür,
ihn möglichst gut zu erhalten.

Schenke mir eine heilige Seele,
die im Auge behält, was gut und rein ist,
die sich nicht einschüchtern lässt vom Bösen,
sondern Mittel findet,
die Dinge in Ordnung zu bringen.

Schenke mir eine Seele,
der die Langeweile fremd ist,
die kein Murren kennt und kein Seufzen und Klagen,
und lasse nicht zu,
dass ich mir allzu viele Sorgen mache um dieses Etwas,
das sich so breit macht und sich „Ich" nennt.

Schenke mir den Sinn für Humor.
Gib mir die Gnade,
einen Scherz zu verstehen,
damit ich ein wenig Glück finde im Leben
und anderen davon weitergebe.

Thomas Morus (1478 – 1535) zugeschrieben

MÜSSEN

Ich muss noch schnell ... Ich muss gar nichts. Ich muss sterben. Das ist alles. Egal, ob ich Verpflichtungen nachgekommen und pünktlich zu Terminen erschienen bin, die Wohnung sauber hielt, die Kinder erzog, meinen Hund ausführte. Ich muss sterben. So einfach ist das und so schwierig. Mein kleines Herz, voller Angst vor Vergänglichkeit, Zerfall, Tod, Staub, hämmert mir den fiebrigen Rhythmus des Müssens entgegen. Der so leicht ist, der sich so gut einfügt in das Schienenrattern, Uhrenticken, Räderrollen. Alles Lebendige bewegt sich, sagt mein kleines Herz und seine Stimme klingt ängstlich. Stillstand ist Tod! ruft es und: Wer rastet der rostet. Und es fragt mit der Stimme von fremden Partygästen: Und was machen Sie beruflich? Ich mache nichts. Wer bin ich denn, wenn ich nichts mache, nichts leiste, nichts vollbringe, zu nichts nütze bin, nichts verdiene, nichts kaufe, keine Prüfungen ablege, keine Zertifikate vorweisen kann, keine Titel, keine Urkunden?

Die Kerzen auf meinem Tisch brennen herunter. Das Feuer im Ofen ist erloschen. Mein Hund liegt vor mir, zu einem weichen Kreis gerollt, und atmet.

Doris Bewernitz

JETZT IST JETZT

Nichts ist wirklich,
nichts außer dem Jetzt.
Und das Jetzt ist nicht etwa
die Fortsetzung der Vergangenheit.
Und auch nicht die Tür zur Zukunft.
Jetzt ist: irgendwo ankommen,
ohne gleich daran zu denken,
wann du wieder wirst gehen müssen.
Jetzt ist: offen sein für alles, was geschieht.

Jetzt ist jetzt.

Werner Sprenger

HINGABE

Auf meinem Schreibtisch lehnt eine alte Karteikarte an der Bücherreihe. Ein einziges Wort steht darauf: Hingabe. Vor langer Zeit habe ich es aufgeschrieben. Rastlos, unruhig, gehetzt unter dem Druck vieler Aufgaben war ich damals. Im Gespräch mit einer Freundin fiel dann dieses Wort – Hingabe, ein Wort, mir nicht zu eigen, mir fremd. Hingabe? Zu viel Gefühl steckte darin, leben nur in diesem Moment, mich ihm hingeben? Da fehlte mir die Ruhe, wie sollte ich dann alles schaffen? Dennoch nahm ich dieses Wort aus dem Gespräch mit nach Hause und schrieb es auf diese Karteikarte. Und fortan schlich die Hingabe sich in meinen Alltag: Hingabe an ein Thema, an jede kleine Aufgabe in jedem Moment. In kleinen Schritten kam sie, raunt mir heute noch zu: Lass dich nicht ablenken; bleib dabei, eines nach dem anderen; diese E-Mail kannst du später lesen; der Anrufer meldet sich wieder. Und vor allem an eines erinnert sie: Jetzt ist noch Pause, gönn' dir das Innehalten, genieß die Minuten. Lesen brauche ich die Karteikarte schon lange nicht mehr, schon wenn ich sie von weitem sehe, macht Ruhe sich breit.

Sabine Schaefer-Kehnert

EILE

die schnecke
macht blau
auch wenn
ihr alle zur eile raten
bei ihrem tempo

vielleicht
war sie mit einstein befreundet
und hat verstanden
wie relativ
zeit ist

auf jeden fall
weiß sie genau
wie wenig qualität
sich durch
eile
erreichen lässt

Frank Hartmann

AB SOFORT

ab sofort
bin ich nicht gewillt
das treiben mitzutreiben
und zu spielen so
als wäre es ein spiel

kein ball in euren händen
keine schachfigur
zu schieben und zu drängen
nach dem augenmaß von jenen
die mich wollen wie sie wollen

ab sofort
tanz ich nicht mehr
nach den fremden geigen
bin keine mit dem kopf und mit dem herz
von jenen die zu wissen glauben
was in meinem kopf und herzen
sich bewegen müsste

ich breite jetzt die eigenen pläne aus
nach denen ich gestaltet worden bin
und lege meinen finger auf die stadt
die meinen namen trägt

da will ich hin
da bin ich schon

ich bin ab sofort jene
die ich bin

Vreni Merz

        Halt an,
        wo laufst du hin?
        Der Himmel ist in dir!
        Suchst du ihn anderswo,
        du fehlst ihn für und für.

        Angelus Silesius

Der Kern des Glücks: der sein zu **wollen**, der du bist.

Erasmus von Rotterdam

HEUTE

Ich weiß
wie es aussieht
überall und nirgendwo.
Das Durcheinander ist alt
das Chaos bleibt
lebenslänglich
so vieles ist zu tun.
Aber heute will ich
einen Platz für mich
will die Sonne
den Himmel
so selten hat er dieses Blau.
Will spüren
dass meine Füße
leicht sein können
heute will ich mich freuen
dass es mich gibt.

Anne Steinwart

Den Reichtum eines Menschen kann man an den Dingen messen,
die er entbehren kann, ohne seine gute Laune zu verlieren.

Henry D. Thoreau

Besser eine Handvoll Ruhe
als beide Fäuste voll Mühe
und Jagen nach Wind.

Prediger 4, 6

Lebenskunst ist die Kunst des
richtigen Weglassens.

Coco Chanel

> Perfektion ist nicht dann erreicht, wenn man nichts mehr hinzufügen, sondern wenn man nichts mehr weglassen kann.
>
> *Antoine de Saint-Exupéry*

Als Abbas Arsenios einen einfachen ägyptischen Eremiten zu seinen eigenen Gedanken befragte und ein anderer das beobachtete, stellte er ihn zur Rede: „Abbas Arsenios, nachdem du so große griechische und römische Bildung besitzt, wie kannst du da diesen Bauern über seine Gedanken befragen?" Er aber antwortete: „Die römische und griechische Bildung habe ich in mir. Aber das Alphabet dieses Bauern habe ich noch nicht gelernt."

Daniel Hell

WACHSAM SEIN

Ich will nicht zulassen,
dass mich
Verpflichtungen behindern,
Gebote einengen,
Aufgaben ersticken,
Forderungen erdrücken.

Ich will wachsam sein:
mir Zeit lassen,
mir Raum gönnen;

Sorge tragen zu dem,
was in mir angelegt ist;

behutsam pflegen,
was in mir wächst;

bereit und stark werden für das,
was auf mich zukommt;

mich ausrichten auf das,
was letztlich wichtig ist.

Ich will werden,
was ich sein kann.

Max Feigenwinter

Von Wünschen, Träumen, Begierden, Leidenschaften gejagt sind wir, wie die Mehrzahl der Menschen, durch die Jahre und Jahrzehnte unsres Lebens gestürmt, ungeduldig, gespannt, erwartungsvoll, von Erfüllungen oder Enttäuschungen heftig erregt – und heute, im großen Bilderbuch unsres eigenen Lebens behutsam blätternd, wundern wir uns darüber, wie schön und gut es sein kann, jener Jagd und Hetze entronnen und in die vita contemplativa gelangt zu sein. Hier, in diesem Garten der Greise, blühen manche Blumen, an deren Pflege wir früher kaum gedacht haben. Da blüht die Blume der Geduld, ein edles Kraut, wir werden gelassener, nachsichtiger, und je geringer unser Verlangen nach Eingriff und Tat wird, desto größer wird unsre Fähigkeit, dem Leben der Natur und dem Leben der Mitmenschen zuzuschauen und zuzuhören, es ohne Kritik und mit immer neuem Erstaunen über seine Mannigfaltigkeit an uns vorüberziehen zu lassen, manchmal mit Teilnahme und stillem Bedauern, manchmal mit Lachen, mit heller Freude, mit Humor.

Hermann Hesse

Mit Texten von:
Al Ghasali: S. 8 aus: Idris Shah, Lebe das wirkliche Glück. Das große Buch der Sufi-Weisheit, Verlag Herder (Herder-Spektrum 4505) 1996, S.53. **Doris Bewernitz**: S. 24 © bei der Autorin. **Richard Dehmel** (1863-1920): S. 17. **Max Feigenwinter**: S. 37 © Verlag am Eschbach. **Frank Fischer**: S. 7 u. 12 © beim Autor. **Katrin Göring-Eckardt**: S. 2-4 © bei der Autorin. **Frank Hartmann**: S. 28 © beim Autor. **Daniel Hell**: S. 35 aus: ders., Leben als Geschenk und Antwort. Weisheiten der Wüstenväter, © Verlag Herder GmbH, Freiburg i. Br. 2005, S.37f. **Hermann Hesse** (1877-1962): S.8 aus: ders., Lektüre für Minuten 2,© Suhrkamp Verlag, Frankfurt/M. 1975 (S.189), S.39 aus: ders., Eigensinn. Autobiographische Schriften. Bibliothek Suhrkamp, © Suhrkamp Verlag, Frankfurt/M. 1972. **Vreni Merz**: S. 30/31 © Nachlaß Vreni Merz. **Thomas Morus** (1478-1535): S. 22. **Anaïs Nin**: S. 15 aus: dies., Sanftmut des Zorns © 1975 by Anaïs Nin. Deutsch von Germaine Nobis u. Gertraude Wilhelm. Scherz Verlag, Bern u. München 1980. Alle Rechte vorbehalten S. Fischer Verlag, GmbH, Frankfurt/M. **Gabriela Paydl**: S. 10/11 © bei der Autorin. **Ulla Pfluger-Heist**: S. 14/15 aus: dies., In der Seele liegt die Kraft. Was unser Leben trägt © Nawo Verlag GmbH, CH-8153 Rümlang/ZH, S.36. **Sabine Schaefer-Kehnert**: S. 27 aus: Der andere Advent 2010/11, © www.anderezeiten.de. **Antoine de Saint-Exupéry**: S. 35 aus: ders., Wind, Sand und Sterne, © 1939 und 2010 Karl Rauch Verlag, Düsseldorf. **Werner Sprenger** (1923-2009): S. 25 aus: ders., Hauch das Thermometer an, wenn du frierst, © Helga Sprenger. **Anne Steinwart**: S.16 u. 33 © bei der Autorin. **Pierre Stutz**: S. 12 u. 20 aus: ders., Einfach leben. In 52 Schritten durch das Jahr, © 2003 Verlag am Eschbach. **Kurt Tucholsky** (1890-1935): S. 19.

Mit Bildern von:
Ostseetropfen/photocase.com (Umschlag), Gerti G./photocase.com (S. 5), TimToppik/photocase.com (S. 9), marshi/photocase.com (S. 13 u. 18), na/photocase.com (S. 23), nailiaschwarz/photocase.com (S. 26), pylonautin/photocase.com (S. 29), Weigand/photocase.de (S. 32), plainpicture/Etsa/Jan Bengtsson (S. 36), nailia-schwarz/photocase.com (S. 38).

....

Bibliographische Information der Deutschen Nationalbibliothek:
Die Deutsche Nationalbibliothek verzeichnet diese Publikation in der Deutschen Nationalbibliographie; detaillierte Daten sind im Internet über http://dnb.d-nb.de abrufbar.

....

ISBN 978-3-86917-123-4
© 2012 Verlag am Eschbach der Schwabenverlag AG
Im Alten Rathaus/Hauptstr. 37
D-79427 Eschbach/Markgräflerland
Alle Rechte vorbehalten.

www.verlag-am-eschbach.de

Gestaltung, Satz und Repro: Finken & Bumiller, Stuttgart.
Schriftvorlagen: Petra Eva Hauser, Münstertal.
Herstellung: Druckwerke Reichenbach, Reichenbach/Vgtld.

Dieser Baum steht für klimaneutrale Produktion, umweltschonende Ressourcenverwendung, individuelle Handarbeit und sorgfältige Herstellung.